27
I. n 12999.

MARIE DE LA TOUR

(Victorine de Calvimont).

Mme LOUISE DE FRANCE

CARMÉLITE.

BORDEAUX,

IMPRIMERIE RAGOT, RUE DE LA BOURSE, 11.

1855

Mme LOUISE DE FRANCE

CARMÉLITE.

I. — VOCATION.

On était au mois de Juillet 1737, quand une salve de vingt-et-un coups de canon annonça aux habitants de la capitale qu'une naissance royale venait d'avoir lieu à Versailles, dans ce palais tout resplendissant encore de la magnificence de Louis XIV.

C'était l'arrivée en ce monde de Louise-Marie de France, huitième fille du roi Louis XV et de la vertueuse Marie Lezinska, dont le père, Stanislas, n'avait fait que paraître sur le trône de Pologne.

A peine Louise connaissait-elle la vie, qu'elle fut conduite avec ses deux sœurs, Mesdames Victoire et Sophie, à Fontevrault, riche et antique abbaye fondée par Robert d'Arbrissel, et qui, depuis longtemps, avait le privilége d'élever les filles de nos rois.

Mme de Rochechouart-Mortemart en était alors abbesse, ainsi que l'avait été une de ses tantes portant également le beau nom de Rochechouart, et sœur de la marquise de Montespan, qui bien souvent vint demander à la solitude de Fontevrault des consolations spirituelles, quand, les remords remplaçant les regrets inutiles, la favorite du grand roi converti eut compris que Dieu seul maintenant devait remplir le vide de son âme.

En arrivant à Fontevrault, les princesses furent particulièrement confiées aux soins de trois religieuses; ce fut : pour Louise, Mme de Soutlange, femme supérieure par son esprit, son instruction et la droiture de son âme ; elle devait lui servir de gouvernante et commencer à inculquer à son jeune cœur toutes les vertus qui la rendirent depuis l'admiration de la France et du monde catholique.

Cette princesse annonça dans son enfance une grande vivacité de caractère, mais son cœur aimant et sensible ne pouvait voir souffrir quelqu'un sans chercher à lui porter des consolations. Elle avait dix ans au plus, quand elle donna une preuve touchante de sa reconnaissance envers celles qui lui donnaient des soins. Mme de Soutlange tomba dangereusement malade d'une fièvre maligne. La jeune princesse, séparée d'elle aussitôt, ne put la voir, mais, désespérée à la seule pensée de perdre sa gouvernante, elle ne cessait d'implorer le ciel pour son rétablissement, et, dans l'exaltation de ses inquiétudes, elle fit le vœu de réciter chaque jour, et pendant un an, l'office de la Providence, si Mme de Soutlange était rendue à son amour. Elle le fut, et sa tendre élève tint religieusement la promesse qu'elle avait faite au Seigneur.

La princesse avait quinze ans quand, son éducation terminée, elle quitta l'abbaye de Fontevrault pour revenir à Versailles.

Une nouvelle vie, pleine de charmes et de dangers, s'ouvrait pour la jeune Louise; mais elle sut résister aux séductions qui l'entouraient au milieu de cette cour brillante et légère. Ce ne fut point cependant sans combat, ayant un de ces caractères impressionnables sur lesquels les passions peuvent faire de rapides et funestes progrès. Les principes solides qu'elle avait reçus à Fontevrault l'empêchèrent toujours de sortir du chemin de la vertu. Exacte à remplir ses devoirs, elle se fortifiait par la fréquentation des sacrements.

Pour s'exciter à la piété, n'avait-elle pas l'exemple de la reine, cette femme admirable qu'on n'entendait jamais se plaindre de son royal époux, prince si faible dans sa vie privée et pourtant si brave sur le champ de bataille? Fontenoi et les glorieuses campagnes de Flandres nous l'ont prouvé.

Fille chérie d'un père qu'elle idolâtrait, Madame Louise ne connaissait que sa bonté, n'avait jamais entendu parler que de ses qualités : on lui avait caché ses faiblesses ; le hasard seul devait amener cette découverte, ou plutôt la divine Providence, dont les décrets sont impénétrables, allait préparer les voies à la

conversion de l'un par l'éminente sain-
teté de l'autre.

Un soir d'été, la cour se promenait
dans les délicieux et féeriques jardins du
petit parc de Choisy. Madame Louise,
voulant se recueillir pour dire son cha-
pelet, alla s'asseoir dans une allée sombre
et tournante, où déjà se trouvaient, sur
un banc plus éloigné, la duchesse de
Narbonne, la marquise de Flamarens, et
la marquise de Segur, dont le mari de-
vint plus tard maréchal de France.

Madame Louise entendit le nom du
roi. A ce nom magique pour son cœur,
elle s'arrêta, et, malgré elle, ses prières
furent suspendues pour suivre une conversation entre les trois dames, qui, ne
soupçonnant point la présence de la
jeune princesse, parlaient avec abandon
de déplorables égarements.

Oh! quelle pénible découverte pour
cette âme si pure! Son étonnement égala

sa douleur en songeant à l'avenir éternel de ce père qu'elle aimait tant.

Louise, se sentant défaillir, tomba à genoux devant un arbre qu'elle étreignit de ses mains tremblantes, et tournant ses beaux yeux bleus pleins de larmes vers le ciel, elle murmura une prière, un vœu, que plus tard on devina, et qu'une dame d'honneur, qui se tenait discrètement à quelque distance de la princesse, avait seule entendu.

C'est de cette époque que date la résolution que forma la princesse d'embrasser l'état religieux.

Le charme qu'elle avait trouvé dans la lecture de la vie de Mme de Chantal et dans celle de Mme de Montmorency, lui avait donné un attrait particulier pour le couvent des dames de la Visitation. Cet ordre, moins rigoureux que d'autres, aurait mieux convenu à sa délicate santé, mais dans la ferveur qui l'animait,

Madame Louise ne voulait point d'un demi sacrifice, elle voulait s'immoler tout entière afin d'obtenir davantage.

La princesse avait vingt ans, et voilà quels étaient ses sentiments à cette époque brillante de la vie, quand une des plus vertueuses et des plus ravissantes femmes de la cour, la comtesse de Rupelmonde, dame d'honneur de la reine, quitta les délices de Versailles pour entrer au Carmel de la rue de Grenelle. Cette retraite fit grand bruit ; on ne pouvait croire qu'une femme si jeune, si pleine encore d'avenir, une femme si entourée de toutes les séductions qui devaient la retenir dans le monde, persévérât dans une résolution que la perte d'un mari tué à l'armée et qu'elle craignit de ne pas avoir assez aimé alors qu'il vivait, semblait seule lui avoir inspirée. Le violent chagrin qu'elle en ressentit porta le trouble dans sa conscience timorée; elle se réfugia en Dieu pour obtenir cette paix de l'âme qu'elle n'avait plus. C'est aux Carmélites qu'elle voulut entrer, et quand son temps d'épreuves fut écoulé, on la vit prendre courageusement le voile et prononcer ses vœux avec fermeté.

La pieuse Marie Lezinska, enviant peut-être le sort de son ancienne dame d'honneur, voulut lui donner le voile.

Cette touchante cérémonie se fit en présence d'une partie de la cour, qu'elle impressionna vivement.

Madame Louise, qui avait accompagné sa mère, se sentit subitement entraînée vers cet ordre sévère, et pendant que Mme de Rupelmonde accomplissait son sacrifice, Louise de Bourbon, agenouillée près du même autel, demandait à Dieu, avec un redoublement de ferveur, la force de briser les liens qui la retenaient dans le monde.

Vénérée de tous ceux qui l'approchaient, elle était l'idole de sa famille, l'enfant de prédilection du roi et de la reine, et la sœur bien-aimée de la dauphine, trop promptement enlevée à l'amour des Français. Le prince disait souvent : « Je n'aime pas seulement Louise, je la respecte. » La reine en disait autant ; et malgré le soin que sa fille mettait à cacher son pieux dessein, elle en eut quelques doutes. S'entretenant un jour avec son directeur, le père Bigenski, elle lui dit : « Vous verrez que Louise finira par se faire Carmélite ; mais, avec sa mauvaise santé, la pauvre enfant n'y tiendra pas. »

Madame Louise, en effet, éprouvait de violentes douleurs de poitrine et crachait le sang ; mais cette considération ne lui parut pas suffisante pour ralentir son ardeur ; elle voulait, à tout prix, être fille de sainte Thérèse. Pénétrée de cette pensée, elle allait visiter souvent Mme de Rupelmonde, devenue l'édifiante sœur Thaïs, et, lui faisant un jour des questions sur les constitutions de son ordre, elle entra dans des détails si précis, que la prieure, Mme de Croï-d'Havré, qui était présente, se permit de dire en riant à la princesse : « On croirait que Son Altesse Royale voudrait se faire Carmélite ? — Pourquoi pas, reprit Madame Louise sur le même ton, puisque les Carmélites sont si heureuses ! »

Cette réponse frappa les deux religieuses, mais elles n'osèrent en dire davantage ; elles respectèrent le secret de celle devant qui elles étaient.

Étant donc décidée à accomplir la grande action qu'elle méditait, Madame Louise voulut essayer, dans le silence de son appartement princier, la vie dure et mortifiée d'une pauvre Carmélite.

Elle s'exerça, suivant les saisons, à

supporter le froid et le chaud. Pendant un hiver rigoureux, on la vit, légèrement vêtue, passer des journées entières sans s'approcher du feu.

Elle savait que la règle du couvent bannit entièrement le linge et prescrit la chemise de grosse serge. Alors la fille des rois voulut s'assurer si cette austérité ne serait pas au-dessus de ses forces. Elle, qui jusqu'alors avait été, comme sa quatrisaïeule, Anne d'Autriche, d'une extrême exigence pour la finesse du linge qui devait toucher son corps!

Craignant de faire naître des soupçons, elle ne savait comment se procurer cette serge si rude.

Une circonstance la servit.

Mlle de Montault-Navailles, gracieuse et angélique jeune fille, dont l'intelligence éclairait encore mieux la beauté suave et les qualités de l'âme, prit l'habit aux Carmélites de Compiègne. Le lendemain, la prieure reçut de Madame Louise la lettre suivante, conservée comme document précieux pour l'histoire d'une princesse qui allait au-devant des mortifications avec la joie et l'empressement d'une mondaine allant au-devant des plaisirs :

« J'ai une grâce à vous demander, Ma-
« dame, mais sous le plus grand secret ;
« ce serait que vous voulussiez bien
« m'envoyer la chemise de serge que vo-
« tre novice portait hier à sa prise d'ha-
« bit. — Je serais fâchée qu'on le sût,
« parce que bien des gens en riraient, et
« que d'autres le trouveraient extraordi-
« naire. — Pour moi, je vous avoue que
« je considère comme une relique la
« tunique que porte une novice à ce
« premier sacrifice qu'elle fait d'elle-
« même.

« Vous pouvez me l'envoyer un matin
« par votre tourière, enveloppée d'un

« papier cacheté, avec ordre que le pa-
« quet me soit remis en personne. »

Deux jours après, S. A. R. était en possession de la tunique si précieuse à ses yeux. — Par une autre voie, elle s'était également procuré les instruments de pénitence dont une rigide Carmélite doit faire usage.

On était dans le mois de janvier, dont les nuits sont si froides et si longues, et le soir, lorsque la dame d'honneur de service et les femmes de la princesse s'étaient retirées de son appartement, après avoir assisté à son coucher royal, la courageuse pénitente se levait brusquement, se revêtait du cilice, se mettait à genoux sur le froid carreau de marbre d'un foyer sans feu, et restait longtemps en prière, se flagellant le corps avec une discipline.

C'est ainsi qu'elle passait une partie de sa nuit, et quand la princesse de

Ghistel, sa dame d'honneur, venit le matin pour assister au lever d'étiquette, elle était bien loin de soupçonner le pénible exercice que l'ange de la cour s'était imposé pour se préparer à la vie du Carmel.

Tout cela ne s'exécutait point sans souffrances. Oh non ! Madame Louise eut tout le mérite du combat. Tantôt, dans de certaines circonstances, c'était le respect humain qui l'ébranlait; tantôt, c'était la vivacité de son caractère qui l'emportait. Madame Louise, par goût, aimait ses aises : elle avait des délicatesses de propreté; elle exigeait une très-grande exactitude dans son service, et, par goût aussi, elle eût aimé une table recherchée. — Voilà ce qu'elle était.

Mais la Providence avait attaché le salut du roi au dévouement sublime de la fille; elle lui avait inspiré un vœu magnanime. Devant une si haute mission toutes ses répugnances disparaissaient, et l'amour du sacrifice se réveillait puissant, irrésistible dans son âme.

Mgr de Beaumont, archevêque de Paris, avait été consulté par S. A. R. sur son projet de quitter le monde. Il voulut l'éprouver longtemps avant de se prononcer; mais, voyant que sa ferveur augmentait chaque jour davantage, il déclara reconnaître en elle une véritable vocation, mais il exigea qu'elle différât d'un an à demander au roi la permission de quitter la cour. Il voulut qu'elle restât encore quelque temps auprès de la reine, redoutant pour sa santé, déjà si chancelante, la séparation d'une fille devenue sa consolation depuis la mort du dauphin.

Fille dévouée et soumise, Madame Louise comprit la pensée de Mgr de Beaumont; elle accepta avec résignation cette nouvelle année d'épreuves; mais combien elle lui parut longue.

Se regardant déjà comme une fille de sainte Thérèse, dont elle avait, dans son oratoire, le portrait, elle allait s'y prosterner plusieurs fois par jour; elle épanchait son âme dans la sienne, lui demandant d'accélérer ce moment si impatiemment attendu ; elle se consolait en lui parlant avec confiance et avec l'abandon du cœur de ses craintes et de ses espérances. Elle lui disait :

« O ma sainte mère! me voici tou-
« jours à vos pieds pour obtenir la grâce
« que je sollicite depuis si longtemps.
« J'ai besoin de votre secours pour me
« déclarer à ceux dont le consentement
« m'est nécessaire. Préparez leurs cœurs,
« défendez-moi de leur tendresse ; dé-
« fendez-moi de la mienne; donnez-moi
« le courage de leur parler; mettez-moi
« sur les lèvres ce que je dois leur dire,
« ce que j'aurai à leur répondre. — O
« sainte Thérèse! dites à mon cœur que

« je pourrai parler au roi quand je le
« voudrai, et que le cœur du roi est prêt
« à se rendre à mes vœux. — Mais le roi
« apprendra-t-il ma résolution, la verra-
« t-il s'exécuter sans être aussi touché de
« Dieu? sans se tourner entièrement vers
« lui? Moi Carmélite et le roi tout à Dieu,
« quel bonheur! Alors qu'aurai-je à dé-
« sirer? Ne serai-je pas heureuse de
« mourir, laissant ici-bas toute ma fa-
« mille dans le chemin du ciel !

II. — SACRIFICE.

La reine Marie Leczinska n'existait
plus ; elle avait été recevoir au ciel la ré-
compense des vertus qu'elle avait si bien
pratiquées sur la terre.

Louis XV, naturellement religieux malgré ses trop nombreuses faiblesses, avait

paru touché de cette mort édifiante ; ce fut, pendant quelques jours, une grande tistesse répandue dans le palais et sur tous les courtisans, qui composaient leurs visages sur celui du souverain affligé ; mais bientôt on n'y songea plus ; la cour reprit ses joies et ses fêtes qu'un moment de deuil avaient interrompues.

Un matin, après le Conseil des ministres, où, suivant son habitude, l'impérieux duc de Choiseul avait tonné contre les Jésuites, Louis XV se rappela que l'Archevêque de Paris lui avait fait demander audience.

Le prélat, en effet, ne tarda pas à paraître, et, s'avançant vers le monarque qui lui tendait la main avec une gracieuse bienveillance, il lui dit que S. A. R. Madame Louise, ayant reconnu, après de rudes et longues épreuves, que Dieu l'appelait à la vie du Carmel, l'avait chargé d'être son interprète pour obtenir de S. M. la permission de suivre sa vocation.

A ces paroles, le roi, qui était assis, se leva brusquement en disant :

— Quoi ! c'est cette nouvelle que vous vouliez m'apprendre, Monsieur l'Archevêque ? Oh ! mon Dieu, quelle surprise ! Puis, retombant sur le fauteuil qu'il avait derrière lui, il se cacha le visage avec ses deux mains, et dit d'une voix émue : Que cela est cruel... mon Dieu, que cela est cruel !

Un silence de quelques minutes suivit cette exclamation ; l'Archevêque n'osait le rompre, respectant la violence du combat qui se passait dans l'âme du roi, dont la foi lui était connue.

Il ne se trompait point ; car le prince, mettant de côté la vive tendresse qu'il portait à sa fille, adressa à Mgr de Beaumont ces paroles :

— Monsieur l'Archevêque, le sacrifice

sera immense; mais si c'est Dieu qui me demande ma fille, je ne puis contrarier sa volonté; je répondrai dans quinze jours.

Louis XV, après ce pénible effort, ayant témoigné le besoin d'être seul, l'archevêque de Paris sortit et alla rendre compte de sa mission à Madame Louise, qui l'attendait avec anxiété et fut violemment émue en écoutant le récit de cette conversation qui avait tant brisé le cœur de son père.

Depuis ce jour, le roi et sa fille se fuyaient; ils redoutaient de se trouver seuls : un entretien pénible eût été alors inévitable, et c'est ce que l'un et l'autre trouvaient au-dessus de leurs forces.

Tous les jours avait lieu la réunion de famille; Madame Louise y portait une préoccupation sérieuse qui surprenait les personnes habituées à la gaîté charmante de son caractère enjoué. Le roi

seul était dans le secret de cette préoccupation d'esprit, et quand ses regards
mélancoliques se tournaient vers cette
fille bien-aimée qu'il allait perdre, des
larmes venaient obscurcir ses royales
paupières. Le cœur de Louise n'était pas
moins déchiré en devinant ce que, pour
elle, son père souffrait.

Cet état, devenu un supplice, ne pouvait durer, et au terme précis des quinze
jours, le 20 Février 1770, Louis XV écri-
vit à sa fille la lettre suivante, qui lui fut
remise par son confesseur, l'abbé du
Terney.

« M. l'Archevêque, chère fille, m'ayant
rendu compte de ce que vous l'aviez
chargé de me dire, vous aura rapporté
exactement ce que je lui ai répondu. Si
c'est pour Dieu seul, je ne puis m'oppo-
ser à sa volonté ni à votre détermination.

Vous devez avoir fait depuis longtemps vos réflexions ; ainsi, je n'ai plus à vous en demander ; il paraît même que vos arrangements sont faits ; vous pourrez en parler à vos sœurs quand vous le jugerez à propos.

« Dieu vous donnera la force de soutenir votre nouvel état ; car, la démarche faite, il n'y a plus à en revenir.

« Je vous embrasse de tout mon cœur, chère fille, et vous donne ma bénédiction.

« Louis. »

Après avoir lu cette lettre, non sans avoir été vivement attendrie, la princesse passa dans son oratoire pour remercier Dieu d'avoir permis que le roi, pour leur salut commun, voulût unir son sacrifice au sien ; elle était remplie d'une de ces joies d'une suavité toute spirituelle que les âmes mondaines ne connaissent point.

Libre de choisir le lieu où elle voulait vivre et mourir, son inclination la portait au couvent de la rue de Grenelle, qu'elle nommait le berceau de sa vocation; mais réfléchissant que cette maison placée dans la capitale lui attirerait de fréquentes visites, l'humble princesse y renonça, et ses yeux se tournèrent vers les Carmélites de Saint-Denis aussitôt qu'elle eut eu l'assurance que Louis XV la visiterait dans un lieu si voisin des tombeaux des rois de France, et qui devait être pour lui-même son dernier asile.

Ce monastère le plus pauvre de l'ordre, était un des plus austères; on lui avait donné le nom de la Trappe du Carmel.

Louis XV n'avait point voulu s'informer du jour où l'ange de sa famille la

quittait; mais, à la vivacité de sa ferveur, devinant que le départ qu'il redoutait devait être prochain, il partit lui-
même pour Choisy, et depuis quarante-
huit heures il était tout entier à son af-
fliction de père, quand la princesse, après
avoir été visiter pour la dernière fois le
tombeau de la reine, sa mère, se pré-
senta à la porte du modeste couvent que
son humilité avait choisi.

S. A. R. était accompagnée de la princesse de Ghistel et du comte de Chaban-
nes, son écuyer; elle les laissa au parloir
en disant qu'elle reviendrait aussitôt
qu'elle aurait entendu la messe. Elle y
revint, en effet, mais suivie du supé-
rieur, l'abbé Berthin, et de la prieure,
et ce fut pour annoncer qu'elle était en-
trée aux Carmélites pour ne plus en
sortir.

Il serait difficile de peindre la surprise
douloureuse de la dame d'honneur et de

l'écuyer, en apprenant aussi brusquement que c'était pour toujours qu'il fallait se séparer d'une princesse qu'ils aimaient avec tant de vénération.

Atterrés par cette nouvelle, c'est seulement le soir qu'ils eurent la force de reparaître à la cour pour remettre les lettres dont les avait chargés S. A. R. pour les personnes de sa famille auxquelles son cœur avait voulu épargner de pénibles adieux.

Grande fut la désolation de Mesdames Adélaïde, Victoire et Sophie. Elles accoururent le lendemain à Saint-Denis pour voir leur sœur; ce fut une scène déchirante : l'humble postulante, portant déjà le nom de sœur Thérèse de Saint-Augustin, cherchait à les consoler en leur répétant mille fois qu'au lieu de pleurer sur son sort elles devaient lui envier de se consacrer au service de Dieu.

A tout le monde elle parlait de son

ineffable bonheur. — Il en fut de même à la première visite du roi. Un très-modeste petit appartement avait été construit pour lui dans le couvent; le prince eut avec sa fille bien-aimée un long et touchant entretien; il voulut voir la cellule de cet ange qui s'immolait pour obtenir de la miséricorde divine le pardon de ses fautes.

Oh! combien l'âme de ce roi, de ce père, fut violemment émotionnée en considérant ce lit composé d'une paillasse piquée posée sur deux planches, ce banc pour siége et cette petite cruche de terre. — Voilà quels devaient être désormais l'appartement et le mobilier de la fille du roi.

— Pauvre Louise! s'écria à diverses reprises le monarque touché, pauvre Louise! mais enfin vous vous trouvez mieux là qu'à Versailles; ainsi, je dois cesser de vous plaindre et me conformer à la volonté du Seigneur.

Dans les premiers temps de l'arrivée à Saint-Denis de la princesse, on avait voulu lui faire user de quelques ménagements, afin que la transition si grande entre la vie splendide du palais des rois et celle de la plus pauvre maison du Carmel ne fût pas mortelle pour une santé aussi délicate; mais Louise de Bourbon avait trop bien étudié la règle qu'elle devait embrasser pour qu'il fût possible de lui soustraire quelques pratiques.

Allant au-devant des mortifications et des souffrances, elle ne voulait être dispensée de rien; maigre perpétuel, jeûne rigoureux, veilles, etc., etc., elle connaissait tout aussi exactement que si elle eût été au Carmel depuis longtemps; les emplois les plus vils, les plus bas, suivant le monde, étaient ceux qu'elle désirait le plus.

On sait le trait si connu, où se trouvant un jour de service à la cuisine pour laver la vaisselle, la princesse s'épuisait vainement pour rendre l'extérieur d'un chaudron aussi brillant que l'intérieur; ses mains s'écorchèrent au point de faire ruisseler le sang. Louise de France n'y prenait garde, n'étant occupée que de sa maladresse; elle s'en désolait, lorsqu'une sœur entra et lui apprit que les chaudrons ne se frottaient pas extérieurement.

Madame Louise, n'étant encore que postulante, portait ce jour-là une robe de satin rose; elle en fut abîmée et ne put servir; mais on la conserva avec ses taches de sang et de charbon pour perpétuer le souvenir de l'humilité profonde de la fille d'un roi de France.

L'époque qu'elle désirait avec tant d'ardeur, celle de sa prise d'habit, arriva; elle fut fixée au mois de Septembre 1770, et se fit avec une pompe vraiment royale.

Le Nonce du Pape fit la cérémonie, à laquelle assistèrent tous les prélats du royaume, et la plus modeste chapelle du plus pauvre couvent de l'ordre contenait ce jour-là tout ce que la cour et la France avaient de plus illustre.

Mais laissons parler l'abbé Proyart, auteur de la vie de Madame Louise; on ne pourrait mieux dire que lui :

« Au milieu de cette assemblée que le
« sacerdoce et la royauté s'efforçaient à
« l'envi de rendre auguste et vénérable,
« on reconnaissait la fille d'un grand
« monarque à son maintien noble et
« modeste autant qu'à l'appareil qui l'en-
« vironnait : elle était parée de tous les
« ornements de la grandeur; ses habits
« étincelaient d'or et de pierreries, et
« l'on voyait réfléchir sur sa personne
« tout l'éclat du diadème, au moment
« où elle allait s'enfoncer pour jamais
« dans l'obscurité du cloître et s'immo-

« ler à la rigueur d'une vie pauvre. —
« Un profond silence régnait dans l'as-
« semblée, et la grandeur du spectacle
« tenait tous les esprits dans une attente
« religieuse, lorsque l'évêque de Troyes
« monta en chaire. L'éloquent orateur
« n'eut pas plutôt commencé, que le son
« de sa voix manifesta les sentiments qui
« pénétraient son cœur; en un instant
« l'impression se communiqua, et bientôt
« tout le monde essuya ses larmes, ex-
« cepté la courageuse princesse qui les
« faisait couler.

« Le discours fini, Madame Louise ré-
« pondit avec fermeté aux demandes
« d'usage, s'absenta un moment, et, re-
« paraissant aussitôt dépouillée de ses
« habits pompeux, s'avança vers la dau-
« phine pour recevoir le voile et le man-
« teau religieux. Marie-Antoinette, en
« les présentant, les arrosa des larmes de
« sa tendresse.

« Mais le moment qui frappa le plus
« fut celui où la princesse, qui, quelques
« minutes auparavant, s'élevait jusqu'à
« la hauteur du trône et brillait de toute
« sa splendeur, parut comme anéantie
« sous la bure de sainte Thérèse. — Ce
« contraste, plus éloquent encore que le
« discours qui venait de le peindre, re-
« mua les cœurs les moins sensibles ; la
« maison surtout de Madame Louise,
« placée autour d'elle, offrait le spectacle
« d'une famille désolée assistant aux fu-
« nérailles d'une mère chérie ; ce n'était
« plus des larmes qu'on essuyait en si-
« lence, c'était des sanglots qui éclataient
« de toutes parts.

« Témoin de cet attendrissement gé-
« néral dont elle était l'objet, Madame
« Louise le voyait avec des sentiments
« qu'on peut comparer à ceux du Sau-
« veur du monde lorsque les filles de
« Sion pleuraient sur son sort. »

Bien loin, en effet, d'éprouver le moindre regret sur les grandeurs du monde qui venaient encore de se montrer à elle avec tant d'éclat, l'auguste princesse se réjouissait de songer qu'elle était irrévocablement séparée de lui; son cœur, inondé par la grâce divine, n'était plus sur la terre.

Le 30 Novembre 1771, Mme la comtesse de Provence lui donna le voile noir, et quand, après la cérémonie, Madame Louise embrassa, ainsi que d'usage, ses pieuses compagnes, elle leur disait avec une vive et sainte effusion :

— Me voici à vous pour toujours; la mort seule peut nous séparer.

III. — DEUX MORTS ; DEUX TOMBEAUX.

Depuis quatre ans, Madame Louise avait consommé son sacrifice, et depuis cette époque elle n'avait cessé d'implo rer la Providence pour le salut du roi ; elle le faisait avec une piété digne de sa piété filiale ; jamais cette pensée de conversion ne s'éloignait d'elle, c'était son idée de tous les instants.

— Oh ! si Dieu voulait m'exaucer, disait-elle, je ne demanderais plus rien en ce monde !

« Priez bien pour le roi, écrivait la princesse à Mme de Chabrillant, prieure de l'Abbaye-aux-Bois ; il est, de tous les souverains régnants, celui qui protége le plus la religion ; mais cela ne suffit pas. »

Chaque jour, à cette intention, on célébrait une messe aux Carmélites de Saint-Denis.

Louis XV n'ignorait point les prières que, pour lui, on adressait dans ce pieux sanctuaire ; il en était vivement touché. L'éternité qu'il redoutait, car il avait de la foi, était le sujet de ses entretiens dans les fréquents voyages qu'il faisait auprès d'une fille qui lui était restée aussi chère sous le nom de sœur Thérèse de Saint-Augustin qu'elle aurait pu l'être sous celui de princesse royale.

Effrayé un jour par les remords qui venaient fatiguer sa conscience trop long-temps engourdie, le roi monta en voiture et vint trouver celle qu'il se plaisait à nommer son ange gardien.

Il venait lui demander d'unir ses prières aux siennes pour obtenir du Seigneur le courage de changer de vie.

La princesse, heureuse d'entendre ces mots qui semblaient être le prélude d'une conversion prochaine, prit la main du roi, la serra affectueusement, et dit en montrant le ciel :

— Là-haut, mon père, est un Dieu miséricordieux qui a promis le pardon aux pécheurs repentants ; ainsi, espérons en lui.

La cloche du couvent annonça dans le

moment qu'on allait donner le salut du saint Sacrement. Louis, encore ému de la touchante conversation qu'il venait d'avoir avec sa fille, voulut y assister, et le fit avec un recueillement qui étonna les personnes de sa suite qui l'avaient accompagné ; et quand, après la bénédiction , il releva sa tête longuement prosternée, on remarqua que ses yeux étaient remplis de larmes.

On eût dit qu'un pressentiment funeste avait assailli le roi ; c'est la dernière fois qu'il paraissait aux Carmélites ; c'était son adieu à sa fille.

Son corps inanimé devait seul revenir à Saint-Denis pour être enterré avec pompe dans le caveau de ses ancêtres, où il ne devait reposer que dix-neuf ans.

Le lendemain de cette dernière visite à Saint-Denis, le roi tomba malade.

Madame Louise, instruite du danger que courait son père, ne quitta plus le pied des autels, priant et faisant prier pour lui, et ce fut une grande consolation à sa douleur quand elle sut que, de lui-même, le monarque avait demandé les secours de la religion et qu'il les avait reçus en témoignant publiquement le repentir de ses fautes. Elle lui envoya un crucifix venant du pape et où étaient attachées des indulgences *in articulo mortis.*

Le roi, en recevant ce gage précieux, dit avec un attendrissement plein de reconnaissance :

« Je reconnais bien là ma chère Louise; qu'on lui en fasse tous mes remerciements. »

Il mourut tenant le Christ et espérant en la miséricorde divine.

Madame Louise trouva de grandes consolations dans sa foi.

« Dieu, en exigeant de moi ce sacri-
« fice, écrivait-elle à l'abbé Berthin, l'a
« tellement adouci, et je suis si consolée

« quand je songe aux grâces singulières
« que le Roi a reçues, dans ses derniers
« moments et dont il a si bien profité,
« que s'il dépendait de moi de le rappe-
« ler à la vie, j'avoue que je ne voudrais
« pas le replonger au milieu des dangers
« qui assiègent le trône et risquer une
« seconde fois son âme. »

Madame Louise regardant sa mission sur terre comme terminée, ne voulait plus de la vie, et, dès-lors, se prépara à mourir.

Ce fut le 23 septembre 1787, qu'elle rendit à Dieu cette âme si pure.

Le corps de la sainte princesse ne fut point transporté dans le caveau royal de l'abbaye. Son humilité profonde avait sollicité de rester au milieu des compagnes qu'elle avait chéries et édifiées; un mausolée lui fut élevé dans le chœur de la chapelle des Carmélites.

Six ans s'écoulèrent; la convention ordonna la destruction des tombeaux de Saint-Denis; on voulut insulter à tout ce qui fut rois, reines, princes et princesses.

Alors on fit en dehors de la ville deux fosses immenses, et quand on eut procédé avec une espèce d'ordre à l'exhumation de chaque cadavre on précipita pêle-mêle et les descendants de Clovis et ceux de Saint-Louis.

C'est le 16 octobre 1793, que commençait cette horrible profanation et c'est le 31 qu'elle fut terminée.

Voici ce qu'en écrivait un témoin, M. Georges Duval.

« Le commissaire qui était demeuré à
« Saint-Denis pour procéder à l'inven-
« taire du Trésor, s'aperçut qu'il leur
« manquait le cadavre de Louise de
« France, fille de Louis XV, et décédée
« Carmélite en 1787. Ils ne voulurent
« pas le perdre, et à cet effet ils se trans-

« portèrent, le 31 octobre, au couvent ;
« s'étant fait suivre de quelques ouvriers,
« on trouva le corps de Madame Louise
« revêtu des habits de Carmélite, et
« sans se donner la peine de l'en dé-
« pouiller on la transporta au cimetière,
« où les deux fosses étaient recouvertes ;
« on en ouvrit une, on l'y jeta et pour
« cette fois la mesure fut comble. »

VICTORINE DE CALVIMONT.

Bordeaux. — RAGOT, imp., r. de la Bourse, 11.